btb

Leïla Slimani

Eine freie Frau

Das außergewöhnliche Leben
der Suzanne Noël
Ärztin. Feministin. Hoffnungsträgerin

Illustrationen von Clément Oubrerie

Aus dem Französischen
von Amelie Thoma

btb

Die französische Originalausgabe erschien in zwei Bänden 2020 und 2021
unter dem Titel »À mains nues« bei Les Arènes, Paris.

Sollte diese Publikation Links auf Webseiten Dritter enthalten,
so übernehmen wir für deren Inhalte keine Haftung,
da wir uns diese nicht zu eigen machen, sondern lediglich auf
deren Stand zum Zeitpunkt der Erstveröffentlichung verweisen.

Penguin Random House Verlagsgruppe FSC® N001967

1. Auflage
Erstveröffentlichung März 2022
Copyright © 2020, 2021 Les Arènes, Paris
Copyright © der deutschen Ausgabe 2022 btb Verlag, München,
in der Penguin Random House Verlagsgruppe GmbH,
Neumarkter Str. 28, 81673 München
Covergestaltung: semper smile, München
nach einem Motiv von © Clément Oubrerie
Farben: Sandra Desmazières
Satz: Uhl + Massopust, Aalen
Druck und Einband: Alföldi Druckerei AG, Debrecen
Alle Rechte vorbehalten.
Klü · Herstellung: sc
Printed in Hungary
ISBN 978-3-442-77162-2

www.btb-verlag.de
www.facebook.com/btbverlag

Teil I
1900–1921

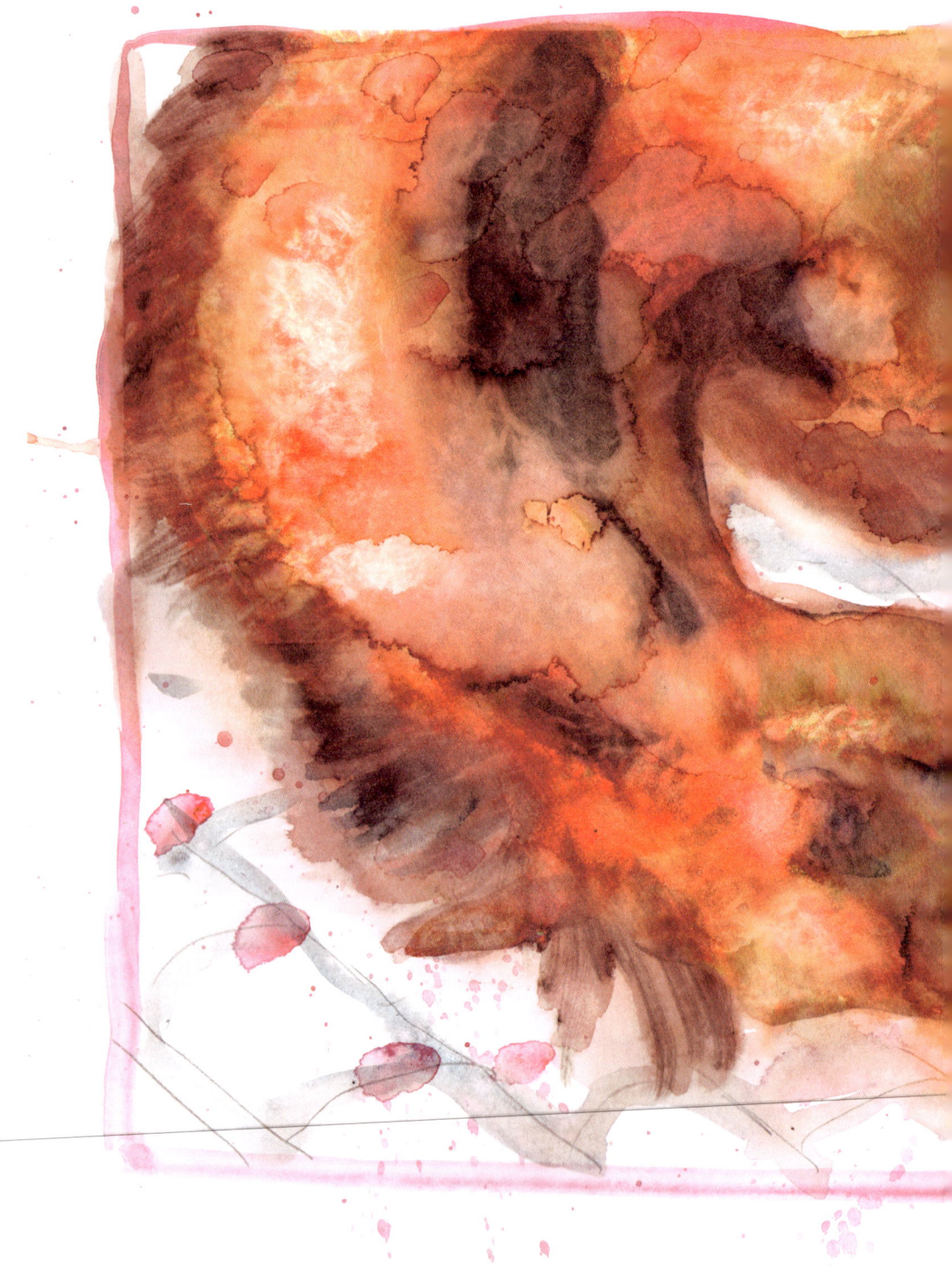

Suzanne vergisst ihr Alter, ihre gesellschaftliche Stellung und lässt sich treiben, verzaubert von dem unabhängigen, idealistischen jungen Arzt.

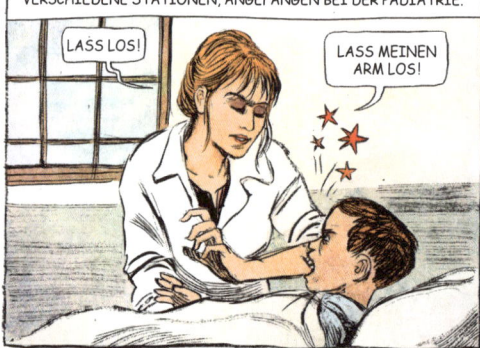

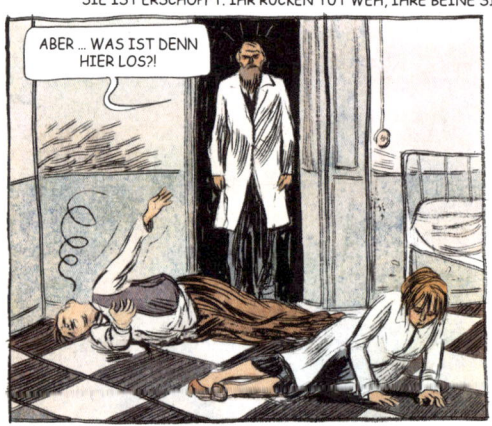

AM ENDE DES JAHRES BRINGT SUZANNE DIE KLEINE JACQUELINE ZUR WELT. HENRY UND MARGUERITE SIND ÜBERGLÜCKLICH.

MANCHMAL STARRT SIE DAS KIND AN, SEINE BLAUEN AUGEN, DIE MILCHWEISSE HAUT, UND BEKLOMMENHEIT PACKT SIE.

IN JACQUELINES ZÜGEN SUCHT SIE NACH EINER ANTWORT AUF DEN ZWEIFEL, DER AN IHR NAGT: WELCHER DER BEIDEN, ANDRÉ ODER HENRY, IST DER VATER IHRER TOCHTER?

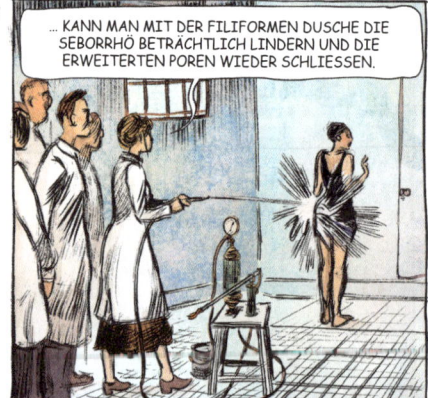

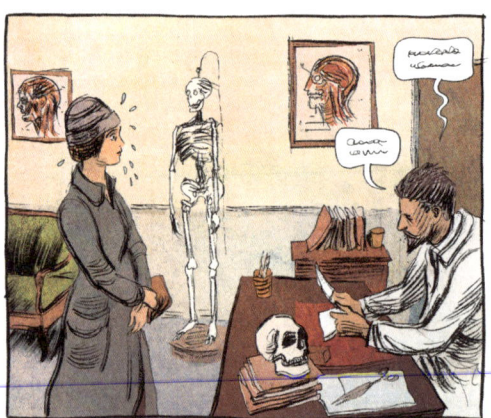

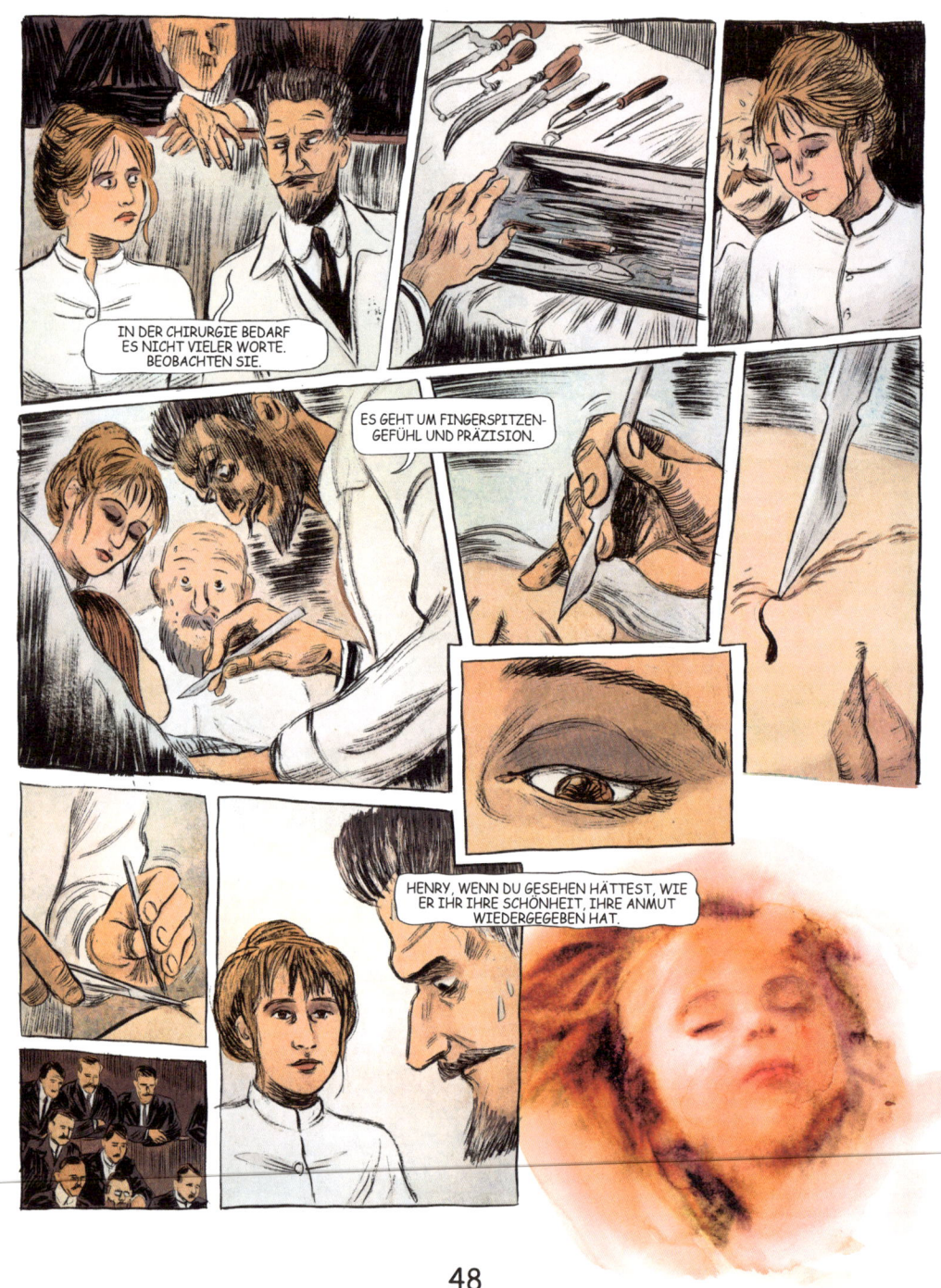

Ihr Alltag als angehende Ärztin, Ehefrau und Mutter laugt Suzanne aus. Sie magert ab, streitet immer häufiger mit Henry und kann sich nur schwer auf ihre Prüfungen konzentrieren.

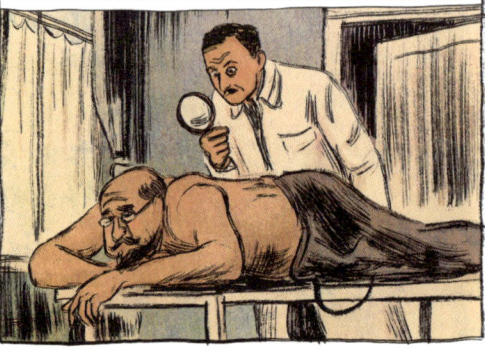

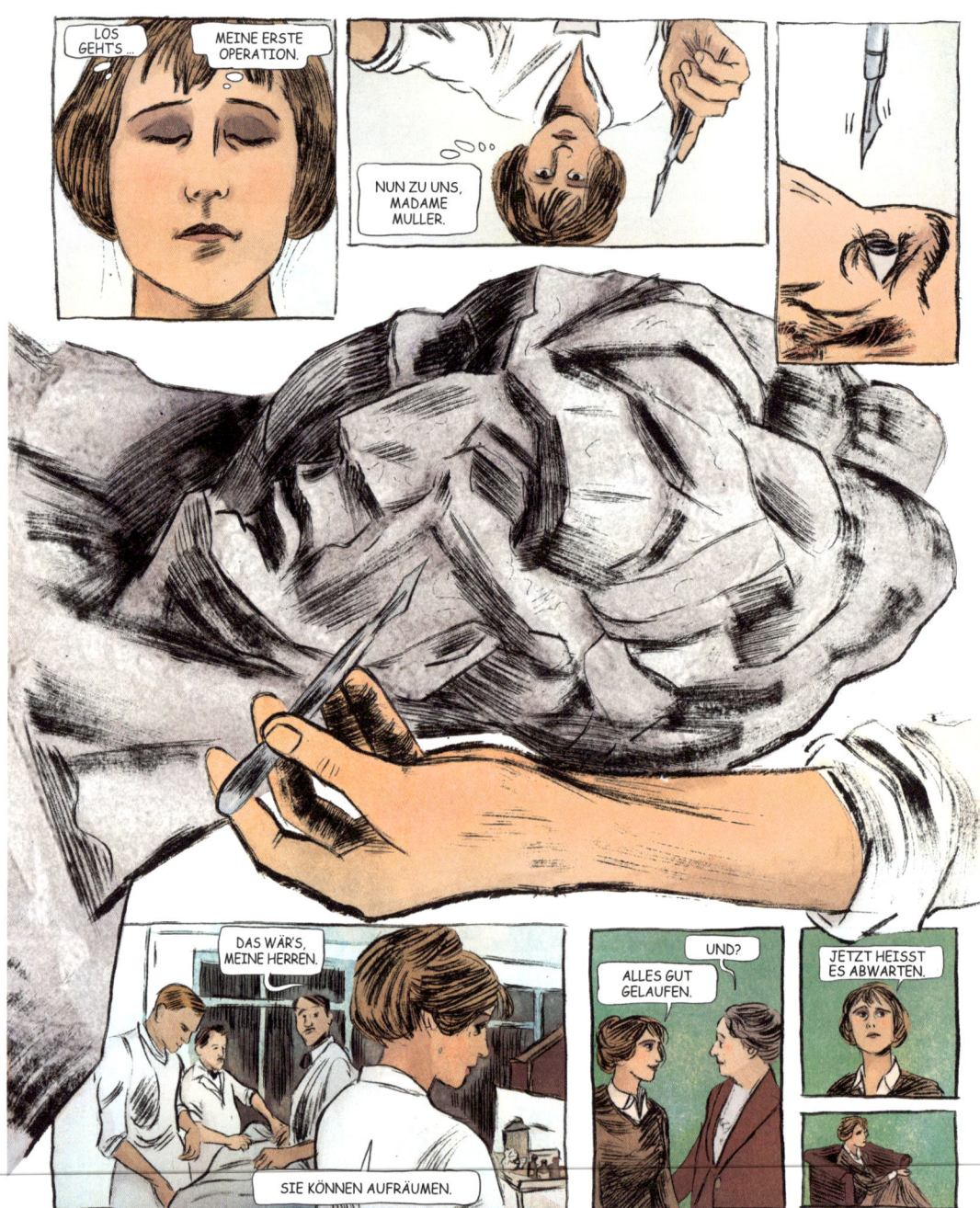

ZU BEGINN DES JAHRES 1911 BESCHLIESSEN SUZANNE UND HENRY, SICH ZU TRENNEN.

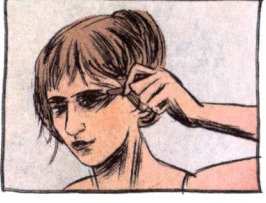

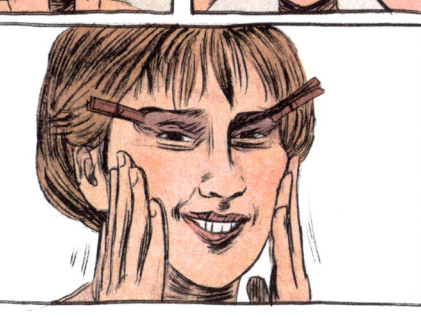

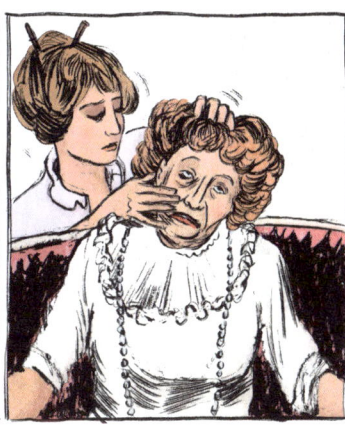
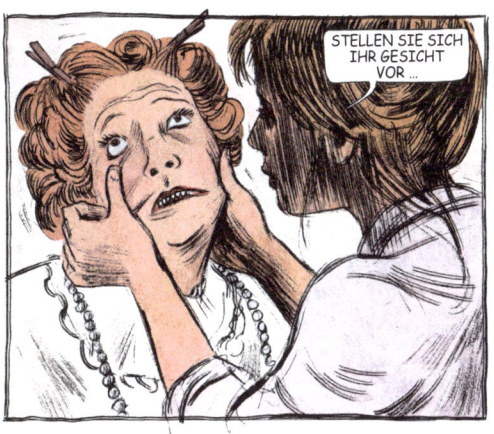

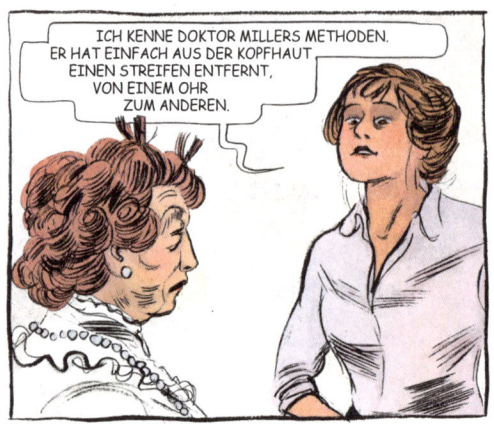

Le Petit Journal

Professor Morestin hat an der Académie Nationale de Médecine einen Vortrag gehalten. In der vollbesetzten Aula und in Begleitung von sechzig »Trümmervisagen« sprach der Arzt über seine Behandlungsmethoden.

Dann wendet er sich einem anderen Patienten zu: »Bei ihm ist das Geschoss auf Höhe des Unterkiefers eingedrungen, hat den Gaumen durchbohrt, die Kieferhöhle eingerissen und ist im Jochbein stecken geblieben …«

Professor Morestin fährt fort: »Es handelt sich dabei nicht um große Gewebestücke, die anderen Teilen des Körpers entnommen werden. Ich verwende in der Wunde verbliebene Reste von Epidermis, Schleimhaut, Muskeln, Sehnen.«

Professor Morestin mit seinen Patienten, deren Gesichter von Emotionen ebenso gezeichnet sind wie von ihrem grausamen Schicksal. Jeder der Männer hält ein kleines Album mit Fotos in Händen, die die verschiedenen Etappen ihrer Gesichtsrekonstruktion zeigen.

Professor Morestin schildert sichtlich bewegt: »Aus ihren Augen, die gestern noch vor heldenhafter Kampfeslust blitzten, spricht nur noch unsagbare Bestürzung und Verzweiflung. Aber«, fährt er fort …

»… auch die immense Hoffnung, etwas anderes als schmerzliches Mitleid zu wecken, von einem Kinde ohne Entsetzen begrüßt zu werden, die unbeschwerte Liebe einer Frau wiederzufinden«, schließt er vor einem beeindruckten Publikum.

ES WAR DAS LETZTE MAL, DASS SUZANNE HENRY SAH, DER KURZ DANACH STARB.

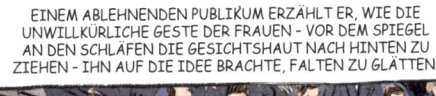

IM OKTOBER 1919 HEIRATEN SUZANNE UND ANDRÉ.

SIE FEIERN DIE HOCHZEIT IN IHREM STAMMBISTROT.

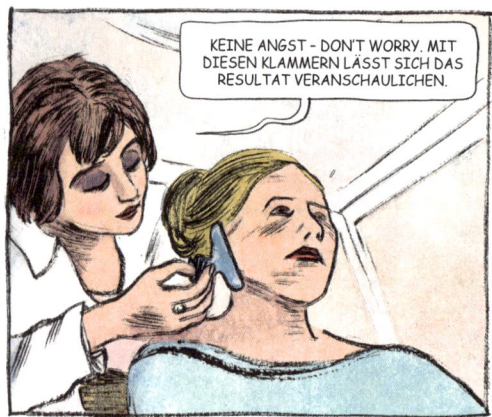

Teil II
1922–1954

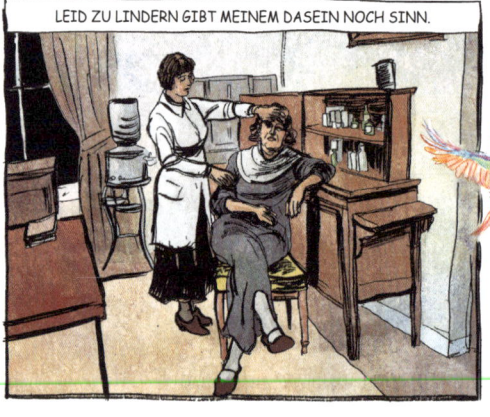

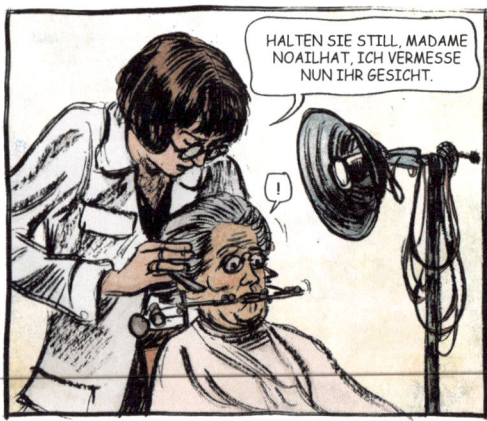

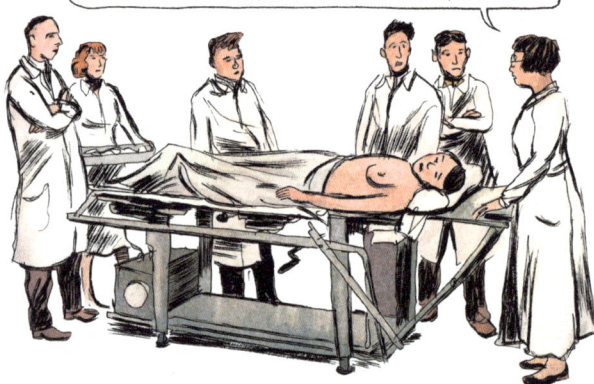

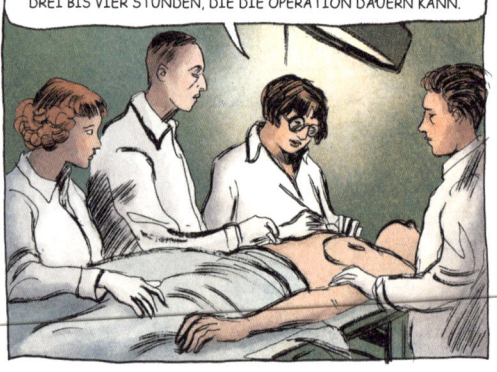

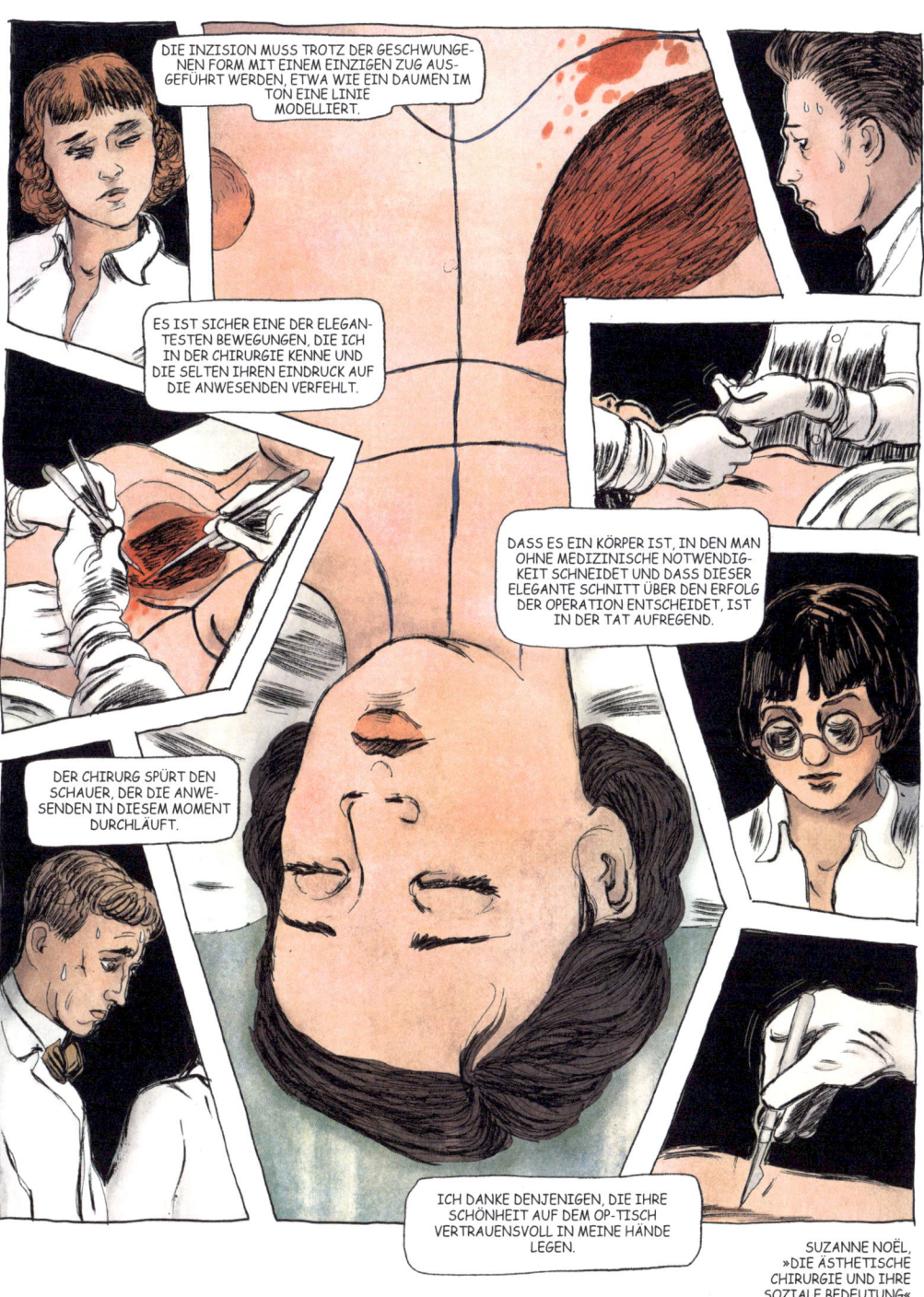

DIESEN 12. MÄRZ HAT DAS GERICHT IM FALL DES BERÜHMTEN MANNEQUINS SUZANNE GEOFFRE ÜBER DAS VERBOT DER CHIRURGIE ZU REIN ÄSTHETISCHEN ZWECKEN BEFUNDEN.

ZUR ERINNERUNG: SUZANNE GEOFFRE, MODELL DES MODEMACHERS PAUL POIRET, HATTE DEN BERÜHMTEN DOKTOR CHARLES DUJARIER GEBETEN, AN IHREN BEINEN, DIE SIE SICH SCHLANKER WÜNSCHTE, EINEN CHIRURGISCHEN EINGRIFF VORZUNEHMEN.

JA, DENN HEUTZUTAGE PRÄSENTIERT DIE FRANZÖSISCHE HAUTE COUTURE RÖCKE, DIE NUR NOCH KNIELANG SIND, ALSO SEHR VIEL KÜRZER ALS FRÜHERE MODELLE.

ALSO HATTE GEOFFRE DEN ARZT BEDRÄNGT, JA SOGAR GEDROHT, SICH ETWAS ANZUTUN, FALLS ER SIE NICHT OPERIERTE.

DA ER DIESE ART EINGRIFF NOCH NIE DURCHGEFÜHRT HAT, ERKLÄRT ER SICH SCHLIESSLICH BEREIT, ZUNÄCHST NUR EIN BEIN ZU OPERIEREN, DESSEN FETTGEWEBE ER MIT EINER KÜRETTE ENTFERNT.

DOCH DIE OPERATION GEHT SCHIEF, UND NACH ZAHLREICHEN RÜCKSCHLÄGEN ENTWICKELT SICH EIN GANGRÄN, SODASS DEM BERÜHMTEN MANNEQUIN DAS BEIN SCHLIESSLICH ABGENOMMEN WERDEN MUSS.

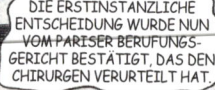
DIE ERSTINSTANZLICHE ENTSCHEIDUNG WURDE NUN VOM PARISER BERUFUNGSGERICHT BESTÄTIGT, DAS DEN CHIRURGEN VERURTEILT HAT.

LES VOYAGES DE SUZANNE

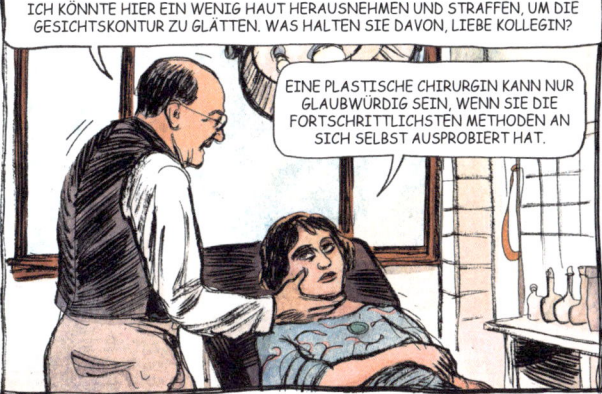

REDE VOM 16. AUGUST 1952
IN KOPENHAGEN

Die Geschichte dieser Graphic Novel ist inspiriert vom Leben der Suzanne Noël. Wenn wir uns bezüglich der historischen Fakten ein paar Freiheiten herausgenommen haben, so hoffen wir doch, ihrem Schicksal als Chirurgin, Feministin, freie und selbstbestimmte Frau gerecht geworden zu sein.

Leïla Slimani und Clément Oubrerie